Ce que vous devez savoir sur le jeûne du ramadan

Extraits et adaptation du livre : La manière de jeûner du prophète (prière et salut sur lui) durant le ramadan

Ecrit par
Salîm El-Hilâli & Ali Hassan Ali Abdel-Hamîd.

*Au nom d'Allah, l'infiniment Miséricordieux,
le Très Miséricordieux*

Les Mérites du jeûne

Plusieurs versets du Coran incitent au jeûne pour se rapprocher de Dieu exalté soit-Il, et montrent les bienfaits et mérites de ce jeûne.

Dieu exalté dit :

﴿ إِنَّ ٱلْمُسْلِمِينَ وَٱلْمُسْلِمَٰتِ وَٱلْمُؤْمِنِينَ وَٱلْمُؤْمِنَٰتِ وَٱلْقَٰنِتِينَ وَٱلْقَٰنِتَٰتِ وَٱلصَّٰدِقِينَ وَٱلصَّٰدِقَٰتِ وَٱلصَّٰبِرِينَ وَٱلصَّٰبِرَٰتِ وَٱلْخَٰشِعِينَ وَٱلْخَٰشِعَٰتِ وَٱلْمُتَصَدِّقِينَ وَٱلْمُتَصَدِّقَٰتِ وَٱلصَّٰٓئِمِينَ وَٱلصَّٰٓئِمَٰتِ وَٱلْحَٰفِظِينَ فُرُوجَهُمْ وَٱلْحَٰفِظَٰتِ وَٱلذَّٰكِرِينَ ٱللَّهَ كَثِيرًا وَٱلذَّٰكِرَٰتِ أَعَدَّ ٱللَّهُ لَهُم مَّغْفِرَةً وَأَجْرًا عَظِيمًا ﴿٣٥﴾ ﴾

« Les soumis et les soumises, croyants et croyantes, obéissants et obéissantes, loyaux et loyales, ceux et celles qui endurent avec patience, se montrent humbles, donnent l'aumône, jeûnent, préservent leurs chastetés et se remémorent souvent Dieu : à tous Allah a

préparé pour eux un pardon et une énorme récompense. » (Sourate Al-Ahzâb[33], v35).

Et sa parole exalté soit-Il :

$$\text{﴿ وَأَن تَصُومُواْ خَيْرٌ لَّكُمْ إِن كُنتُمْ تَعْلَمُونَ ۝ ﴾}$$

« **Mais il est mieux pour vous de jeûner ; si vous saviez !** » (Sourate El-Baqara[2], v184).

Le messager d'Allah (prière et salut sur lui) a montré par sa Sounna authentique que le jeûne est une forteresse contre les passions et une protection du Feu. De même, Allah exalté soit-Il a privilégié les jeûneurs par une des portes du Paradis. Le jeûne détache les âmes de leurs passions, et emprisonne leurs habitudes, et deviennent ainsi paisibles. Cette grande récompense et ce grand mérite sont clairement explicités par les hadiths authentiques qui suivent :

1- le jeûne est une protection :

Le prophète (prière et salut sur lui) a ordonné à celui dont le désir sexuel s'accentue sans pour autant pouvoir se marier de jeûner. Il a informé que le jeûne constituait un bouclier contre cette passion.

Il a dit (prière et salut sur lui) : « Ô vous les jeunes ! Celui d'entre vous qui peut se marier qu'il le fasse, c'est meilleur pour le regard, et plus chaste pour le sexe. Et celui qui ne peut pas, qu'il jeûne, ce sera pour lui une protection. » [Rapporté par El-Boukhâry et Mouslim, selon Ibn-Mas'oud].

Le prophète (prière et salut sur lui) a expliqué que le chemin du paradis était parsemé de contraintes, et que le chemin du feu était parsemé de passions. Ô musulman ! Remarques-tu comment le jeûne refrène les passions et réduit de leurs intensités alors qu'elles rapprochent du Feu, et comment le jeûne se met alors au travers du jeûneur et du Feu ! Pour cela plusieurs hadiths affirment que le jeûne est une forteresse contre le Feu, et une protection avec laquelle l'esclave (de Dieu) s'en protège.

Le prophète (prière et salut sur lui) a dit : « Quiconque jeûne un jour pour Dieu, Dieu lui éloignera son visage du Feu d'une distance de soixante dix années. » [Rapporté par El-Boukhâri et Mouslim].

Le prophète (prière et salut sur lui) a dit : « Le jeûne est une protection avec laquelle le croyant se protège du Feu. » [Authentique, rapporté par Ahmed]

Le prophète (prière et salut sur lui) a dit : « Quiconque jeûne un jour pour Dieu, Dieu mettra entre lui et le Feu un fossé comme entre le ciel et la terre » [rapporté par El-Tirmidhi].

2- le jeûne fait entrer au Paradis :

Abou-Oumâma (qu'Allah l'agrée) a dit : j'ai dit : Ô Messager de Dieu, indique-moi une action qui me fasse entrer au Paradis, il a dit : « Jeûne ! Rien ne vaut le jeûne ! » [Rapporté par Al-Nassa'i, Ibn-Mâjah et El-Hâkim avec une chaîne de transmission authentique].

3- La récompense des jeûneurs est sans limites,

4- le jeûneur obtient une double joie,

5- l'haleine du jeûneur est meilleure auprès de Dieu que l'odeur du musc :

D'après Abou-Hourayra (qu'Allah l'agrée) le prophète (prière et salut sur lui) a dit : « Dieu a dit : Tout acte du fils d'Adam lui appartient sauf le jeûne qui m'appartient, c'est Moi qui le récompense. Le jeûne est une protection. Si l'un d'entre vous est en jeûne, alors qu'il ne dise que du bien et qu'il ne s'énerve pas, si quelqu'un l'insulte ou le combat qu'il lui dise : je suis en état de jeûne. Par Dieu l'haleine du jeûneur est meilleure auprès de Dieu que l'odeur du musc. Le jeûneur obtient une double joie : il est content lorsqu'il rompt son jeûne, et il est content de son jeûne lorsqu'il rejoint Dieu » [rapporté par El-Boukhâri et Mouslim].

Dans la version d'El-Boukhâri : « il délaisse sa nourriture, sa boisson, et ses envies pour Moi, le jeûne est pour Moi, et c'est Moi qui le récompense »

6- Le jeûne et le Coran intercèdent pour le croyant :

Le prophète (prière et salut sur lui) a dit : « Le jeûne et le Coran intercèdent pour le croyant le jour de la résurrection. Le jeûne dira : Ô mon Dieu, je l'ai empêché de se nourrir et d'assouvir ses envies, laisse-moi intercéder pour lui. Et le Coran dira : je l'ai empêché de dormir la nuit, laisse-moi donc intercéder pour lui. Il dit : ils seront autorisés à intercéder. » [Rapporté par Ahmed, El-Hâkim, et Abou-Naïm avec une chaîne de transmission authentique].

7- Expiation de certains péchés :

Parmi les mérites propres au jeûne est qu'Allah l'a prescrit comme moyen d'expiation (« kaffâra ») de certains actes, comme lorsqu'on n'est dans l'incapacité de se raser la tête lors de la sacralisation (« Ihrâm ») pour raison de maladie ou blessure à la tête, ou lorsqu'on ne peut pas faire de sacrifice, ou lorsqu'on tue par erreur un pactisé, ou lorsqu'on fait de faux serments, ou lorsqu'on tue du gibier durant la sacralisation, et ou lorsqu'on prononce le « dhihâr » (le fait de dire à sa femme : tu es pour moi comme le dos de ma mère). Cela est détaillé dans les versets suivants :

Allah exalté a dit :

﴿ وَأَتِمُّواْ ٱلۡحَجَّ وَٱلۡعُمۡرَةَ لِلَّهِۚ فَإِنۡ أُحۡصِرۡتُمۡ فَمَا ٱسۡتَيۡسَرَ مِنَ ٱلۡهَدۡيِۖ وَلَا تَحۡلِقُواْ رُءُوسَكُمۡ حَتَّىٰ يَبۡلُغَ ٱلۡهَدۡيُ مَحِلَّهُۥۚ فَمَن كَانَ مِنكُم مَّرِيضًا أَوۡ بِهِۦٓ أَذٗى مِّن

رَأْسِهِۦ فَفِدْيَةٌ مِّن صِيَامٍ أَوْ صَدَقَةٍ أَوْ نُسُكٍ فَإِذَآ أَمِنتُمْ فَمَن تَمَتَّعَ بِٱلْعُمْرَةِ إِلَى ٱلْحَجِّ فَمَا ٱسْتَيْسَرَ مِنَ ٱلْهَدْىِ فَمَن لَّمْ يَجِدْ فَصِيَامُ ثَلَٰثَةِ أَيَّامٍ فِى ٱلْحَجِّ وَسَبْعَةٍ إِذَا رَجَعْتُمْ تِلْكَ عَشَرَةٌ كَامِلَةٌ ذَٰلِكَ لِمَن لَّمْ يَكُنْ أَهْلُهُۥ حَاضِرِى ٱلْمَسْجِدِ ٱلْحَرَامِ وَٱتَّقُوا۟ ٱللَّهَ وَٱعْلَمُوٓا۟ أَنَّ ٱللَّهَ شَدِيدُ ٱلْعِقَابِ ۝١٩٦

« Accomplissez pour Dieu le Pèlerinage et la visite pieuse. Si vous en êtes empêchés, alors sacrifiez ce que vous pouvez. Et ne vous rasez pas la tête avant que l'animal à sacrifier n'ait atteint son lieu d'immolation. Si l'un d'entre vous est malade ou souffre d'une affection de la tête nécessitant de se raser avant terme, qu'il se rachète alors par un jeûne, une aumône ou un sacrifice. Et si vous avez pu accomplir vos rites, en rompant l'état de sacralisation entre la visite pieuse et le Pèlerinage, vous devez sacrifier ce que vous pouvez. Celui qui n'en a pas les moyens doit jeûner trois jours pendant le pèlerinage et sept jours une fois rentré chez lui, soit en tout dix jours. Ceci, pour celui dont la famille n'habite pas aux alentours de la Mosquée sacrée. Craignez Dieu, et sachez que Dieu est dur en punition.» (Sourate Al-Baqara[2], v196).

Et Il a dit :

﴿ وَإِن كَانَ مِن قَوْمٍ بَيْنَكُمْ وَبَيْنَهُم مِّيثَـٰقٌ فَدِيَةٌ مُّسَلَّمَةٌ إِلَىٰٓ أَهْلِهِۦ وَتَحْرِيرُ رَقَبَةٍ مُّؤْمِنَةٍۖ فَمَن لَّمْ يَجِدْ فَصِيَامُ شَهْرَيْنِ مُتَتَابِعَيْنِ تَوْبَةً مِّنَ ٱللَّهِۗ وَكَانَ ٱللَّهُ عَلِيمًا حَكِيمًا ۝ ﴾

« S'il appartenait à un peuple auquel vous êtes liés par un pacte, qu'on verse alors à sa famille le prix du sang et qu'on affranchisse un esclave croyant. Celui qui n'en trouve pas les moyens, qu'il jeûne deux mois d'affilée pour être pardonné par Allah. Allah est Omniscient et Sage. » (Sourate An-Nissâ [4], v92).

L'Audient, le Savant dit :

﴿ لَا يُؤَاخِذُكُمُ ٱللَّهُ بِٱللَّغْوِ فِىٓ أَيْمَـٰنِكُمْ وَلَـٰكِن يُؤَاخِذُكُم بِمَا عَقَّدتُّمُ ٱلْأَيْمَـٰنَۖ فَكَفَّـٰرَتُهُۥٓ إِطْعَامُ عَشَرَةِ مَسَـٰكِينَ مِنْ أَوْسَطِ مَا تُطْعِمُونَ أَهْلِيكُمْ أَوْ كِسْوَتُهُمْ أَوْ تَحْرِيرُ رَقَبَةٍۖ فَمَن لَّمْ يَجِدْ فَصِيَامُ

$$\text{ثَلَٰثَةِ أَيَّامٍ ۚ ذَٰلِكَ كَفَّٰرَةُ أَيْمَٰنِكُمْ إِذَا حَلَفْتُمْ ۚ وَٱحْفَظُوٓا۟ أَيْمَٰنَكُمْ ۚ كَذَٰلِكَ يُبَيِّنُ ٱللَّهُ لَكُمْ ءَايَٰتِهِۦ لَعَلَّكُمْ تَشْكُرُونَ ﴿٨٩﴾}$$

« Dieu ne vous tient pas rigueur pour les serments que vous prononcez à la légère, mais Il vous punit pour les serments que vous avez eu l'intention d'exécuter. L'expiation de cette faute est de nourrir dix pauvres, de ce dont vous nourrissez habituellement vos familles, ou de les habiller, ou de libérer un serf. Que celui qui n'en trouve pas les moyens jeûne trois jours. Voilà l'expiation pour vos serments, lorsque vous avez juré. Et respectez vos serments. Ainsi, Dieu vous explique Ses versets, afin que vous soyez reconnaissants. » (Sourate Al-Mâ'ida [5], v89).

Le Puissant, le Sage a dit :

$$\text{﴿ يَٰٓأَيُّهَا ٱلَّذِينَ ءَامَنُوا۟ لَا تَقْتُلُوا۟ ٱلصَّيْدَ وَأَنتُمْ حُرُمٌ ۚ وَمَن قَتَلَهُۥ مِنكُم مُّتَعَمِّدًا فَجَزَآءٌ مِّثْلُ مَا قَتَلَ مِنَ ٱلنَّعَمِ يَحْكُمُ بِهِۦ ذَوَا عَدْلٍ مِّنكُمْ هَدْيًۢا بَٰلِغَ ٱلْكَعْبَةِ أَوْ كَفَّٰرَةٌ طَعَامُ مَسَٰكِينَ أَوْ عَدْلُ ذَٰلِكَ صِيَامًا لِّيَذُوقَ}$$

$$\text{وَبَالَ أَمْرِهِۦ ۖ عَفَا ٱللَّهُ عَمَّا سَلَفَ ۚ وَمَنْ عَادَ فَيَنتَقِمُ ٱللَّهُ مِنْهُ ۗ وَٱللَّهُ عَزِيزٌ ذُو ٱنتِقَامٍ ۝}$$

« Ô vous les croyants ! Ne tuez pas de gibier alors que vous êtes en état de sacralisation. Celui d'entre vous qui en tue délibérément, qu'il expie sa faute en sacrifiant son équivalent en bétail, selon le jugement de deux personnes intègres parmi vous. Que ce sacrifice soit fait à la mosquée sacrée. Ou bien, qu'il expie sa faute en nourrissant des pauvres, ou en jeûnant un nombre équivalent de jours. Ceci afin qu'il goûte aux conséquences de ses actes. Dieu a pardonné ce qui est passé ; mais quiconque récidive, Dieu le punira. Dieu est Puissant et Justicier. » (sourate Al-Mâ'ida[5], v95).

Il a dit exalté soit-Il :

$$\text{وَٱلَّذِينَ يُظَٰهِرُونَ مِن نِّسَآئِهِمْ ثُمَّ يَعُودُونَ لِمَا قَالُوا۟ فَتَحْرِيرُ رَقَبَةٍ مِّن قَبْلِ أَن يَتَمَآسَّا ۚ ذَٰلِكُمْ تُوعَظُونَ بِهِۦ ۚ وَٱللَّهُ بِمَا تَعْمَلُونَ خَبِيرٌ ۝ فَمَن لَّمْ يَجِدْ فَصِيَامُ شَهْرَيْنِ مُتَتَابِعَيْنِ مِن قَبْلِ أَن يَتَمَآسَّا ۖ فَمَن لَّمْ يَسْتَطِعْ}$$

فَإِطْعَامُ سِتِّينَ مِسْكِينًا ۚ ذَٰلِكَ لِتُؤْمِنُوا بِاللَّهِ وَرَسُولِهِ ۚ وَتِلْكَ حُدُودُ اللَّهِ ۗ وَلِلْكَافِرِينَ عَذَابٌ أَلِيمٌ ﴿٤﴾

« Ceux qui s'interdisent leurs épouses, puis reviennent sur ce qu'ils ont dit, doivent affranchir un serf avant d'approcher leurs épouses. Voilà ce à quoi on vous exhorte. Et Dieu sait parfaitement ce que vous faites. Que celui qui n'en a pas les moyens jeûne deux mois consécutifs avant d'approcher son épouse. Et s'il ne peut pas, qu'il nourrisse soixante pauvres. Ceci, afin que vous croyiez en Dieu et Son messager. Voici les lois de Dieu, et les mécréants auront un châtiment douloureux. » (Sourate Al-Moujâdala[58], v3-4).

Le jeûne s'associe aussi à l'aumône dans l'expiation de la tentation de l'homme dans son argent, sa famille et son voisin.

D'après Houdayfa Ibn Yamân (qu'Allah l'agrée), le prophète (prière et salut sur lui) a dit : « les péchés de l'homme vis-à-vis de sa famille, son argent, et son voisin, sont expiés par la prière, le jeûne et l'aumône » [rapporté par El-Boukhâri et Mouslim].

8- Le Rayyâne pour les jeûneurs :

D'après Sahl Ibn-Saâd (qu'Allah l'agrée), le prophète (prière et salut sur lui) a dit : « Le Paradis a une porte qui se nomme « Rayyâne », par laquelle rentre les jeûneurs le jour de la résurrection, ne rentre par cette porte que les jeûneurs qui se ferme après eux. » [Rapporté par El-Boukhâri et Mouslim].

Mérites du mois de Ramadân

Ramadan est un mois béni que Dieu a comblé de mérites comme suit :

1- Le mois du Coran :

Dieu a révélé Son noble livre durant ce mois pour guider les gens et leur montrer le droit chemin. Allah exalté a dit :

﴿شَهْرُ رَمَضَانَ ٱلَّذِىٓ أُنزِلَ فِيهِ ٱلْقُرْءَانُ هُدًى لِّلنَّاسِ وَبَيِّنَٰتٍ مِّنَ ٱلْهُدَىٰ وَٱلْفُرْقَانِۚ فَمَن شَهِدَ مِنكُمُ ٱلشَّهْرَ فَلْيَصُمْهُ﴾

« C'est au cours du mois de Ramadan que le Coran a été révélé comme guide pour les gens, et preuves claires de la rectitude et du discernement. Quiconque d'entre vous est présent en ce mois qu'il jeûne ! » (Sourate Al-Baqara [2], v185).

Sache que Dieu te bénisse, que la mention du mois de Ramadân, comme étant le mois où a été descendu le Coran, puis le suivi par la phrase « Donc, quiconque d'entre vous est présent en ce mois, qu'il jeûne ! » indique la cause du choix de

Ramadân pour être le mois de jeûne : la révélation du Coran.

2- l'enchaînement des démons, la fermeture des portes de l'Enfer et l'ouverture des portes du Paradis :

Durant ce mois béni le mal diminue sur terre, car les diables et les démons sont enchaînés et ne parviennent pas à répandre leur mal comme à leur habitude. Les musulmans sont occupés par le jeûne qui endigue les passions, la lecture du Coran et autres adorations qui apaisent les âmes et les purifient. Allah exalté a dit :

﴿ يَٰٓأَيُّهَا ٱلَّذِينَ ءَامَنُوا۟ كُتِبَ عَلَيْكُمُ ٱلصِّيَامُ كَمَا كُتِبَ عَلَى ٱلَّذِينَ مِن قَبْلِكُمْ لَعَلَّكُمْ تَتَّقُونَ ۝ ﴾

« Ô les croyants ! On vous a prescrit le jeûne comme on l'a prescrit à ceux d'avant vous, ainsi atteindrez-vous la piété. » (Sourate Al-Baqara [2], v183).

Le prophète (prière et salut sur lui) a dit : « Lorsqu'arrive le mois de Ramadân, les portes du Paradis s'ouvrent, les portes du Feu se ferment, et les diables sont enchainés. » [Rapporté par El-Boukhâri et Mouslim].

3- La nuit du « Qadr » :

On sait qu'Allah exalté a choisi le mois de ramadan, car le Coran a été descendu au cours de ce mois, et on pourrait dire par raisonnement analogique :

• Le jour le plus noble pour Allah se trouve dans le mois où a été révélé le Coran. Il faut donc distinguer ce jour par plus de bonnes actions.

• Lorsque le bienfait d'Allah arrive, cela encourage à l'application de bonnes actions afin de le remercier exalté soit-Il. Allah a dit en parlant du bienfait du mois de jeûne :

﴿وَلِتُكْمِلُوا۟ ٱلْعِدَّةَ وَلِتُكَبِّرُوا۟ ٱللَّهَ عَلَىٰ مَا هَدَىٰكُمْ وَلَعَلَّكُمْ تَشْكُرُونَ ١٨٥﴾

« ... afin que vous en complétiez le nombre de jours et proclamiez la grandeur de Dieu pour vous avoir guidés, et afin que vous soyez reconnaissants ! » (Sourate Al-Baqara[2], v185).

Et Il a dit en parlant du bienfait du pèlerinage :

﴿ فَإِذَا قَضَيْتُم مَّنَاسِكَكُمْ فَاذْكُرُوا اللَّهَ كَذِكْرِكُمْ ءَابَآءَكُمْ أَوْ أَشَدَّ ذِكْرًا ﴾

« Et quand vous aurez achevé vos rites, alors évoquez Allah comme vous évoquez vos pères, et plus ardemment encore. » (Sourate Al-Baqara[2], v200).

Obligation du jeûne du mois de Ramadân

1- Et, si quelqu'un fait plus de son propre gré, c'est mieux pour lui :

Pour ce qui a été précité comme mérites, Allah a prescrit aux musulmans de jeûner le mois de Ramadân. Vu que la privation de ses passions et de ses habitudes est une chose difficile, l'obligation du jeûne a été retardée jusqu'à la troisième année de l'Hégire. Lorsque les cœurs se sont accoutumés à l'unification de Dieu et à la glorification de Sa législation, le jeûne a été introduit graduellement et il était seulement préférable de le faire au lieu de le délaisser, car cela a été dur pour les compagnons (qu'Allah les agrée). Celui qui ne voulait pas le faire devait faire une « fidya » (compensation en nourrissant un pauvre). Allah exalté a dit :

﴿ وَعَلَى ٱلَّذِينَ يُطِيقُونَهُۥ فِدْيَةٌ طَعَامُ مِسْكِينٍۖ فَمَن تَطَوَّعَ خَيْرًا فَهُوَ خَيْرٌ لَّهُۥۚ وَأَن تَصُومُوا۟ خَيْرٌ لَّكُمْۖ إِن كُنتُمْ تَعْلَمُونَ ﴿١٨٤﴾ ﴾

« Mais pour ceux qui ne pourraient le supporter qu'avec grande difficulté, la compensation est de nourrir un pauvre. Et si quelqu'un fait plus de son propre gré, c'est pour lui ; mais il est mieux pour vous de jeûner ; si vous saviez ! » (Sourate Al-Baqara[2], v184).

2- quiconque d'entre vous est présent en ce mois, qu'il jeûne !

Puis a été révélé le verset qui a abrogé ce dernier, cela a été rapporté par les deux compagnons : Abdoullah Ibn-Omar, et Salama Ibn-Alakwa' (qu'Allah les agrée), qui ont dit : il a été abrogé par : « **C'est au cours du mois de Ramadan que le Coran a été révélé comme guide pour les gens, et preuves claires de la rectitude et du discernement. Quiconque d'entre vous est présent en ce mois, qu'il jeûne ! Et quiconque est malade ou en voyage, alors qu'il jeûne plus tard un nombre égal de jours. Dieu veut pour vous la facilité et non la difficulté, afin que vous en complétiez le nombre de jours et proclamiez la grandeur de Dieu pour vous avoir guidés, et afin que vous soyez reconnaissants.** » (Sourate Al-Baqara [2], v185).

D'après Ibn-Abi layla : « Les compagnons de Muhammad (prière et salut sur lui) ont relaté que Ramadân était pénible pour eux, il leur a alors été permis de nourrir un pauvre au lieu de jeûner, puis cela a été abrogé par « **mais il est mieux pour vous de jeûner ; si vous saviez !** », et dès lors, il leur a été commandé de jeûner. » [Rapporté par El-Boukhâry et El-Bayhaqi avec une chaîne authentique].

Le jeûne est depuis un des fondements de l'islam et un des piliers de la religion. Le prophète (prière et salut sur lui) a dit : « L'islam repose sur cinq piliers : le témoignage qu'il n'y a point de divinité digne d'être adorée à part Allah et que Muhammad est le messager d'Allah, l'accomplissement de la prière, l'acquittement de l'aumône « zakat », le pèlerinage, et le jeûne de Ramadân. » [Rapporté par El-Boukhâry et Mouslim, d'après Ibn-Omar].

L'incitation au jeûne de Ramadân

1- La purification des péchés :

Grâce à cette adoration bénite, Dieu pardonne les péchés.

D'après Abou-Hourayra (qu'Allah l'agrée), le prophète (prière et salut sur lui) a dit : « Celui qui jeûne le mois de Ramadân avec une intention sincère en espérant la récompense de Dieu sera pardonné de tous ses péchés antérieurs. » [Rapporté par El-Boukhâry et Mouslim].

Le prophète (prière et salut sur lui) a dit : « Entre chacune des cinq prières, entre deux vendredis, et entre deux Ramadân, les péchés sont expiés si les grands péchés sont évités. » [Rapporté par Mouslim].

2- L'exaucement des prières et la libération du Feu :

Le prophète (prière et salut sur lui) a dit : « Durant le mois de Ramadân, Allah libère chaque jour et chaque nuit des gens du Feu. Chaque musulman a une invocation qui lui sera exaucée. » [Authentique rapporté par El-Bazzâr et Ahmed].

3- Être parmi les véridiques et les martyrs :

D'après Amr Ibn-Mourrâh El-Jouhani (qu'Allah l'agrée) : un homme est venu au prophète (prière et salut sur lui) et a dit : Ô Messager d'Allah, si je témoigne qu'il n'y a point de divinité digne d'être adorée à part Allah, et que tu es le Messager d'Allah, que je fasse mes cinq prières, que je m'acquitte de l'aumône obligatoire « Zakât », que je jeûne le mois de Ramadân et anime ses nuits par la prière, que serai-je ? il a dit : « tu seras parmi les véridiques et les martyrs. » [Rapporté par Ibn-Hibbân avec une chaîne de transmission authentique].

Mise en garde contre le délaissement volontaire du jeûne de Ramadân

D'après Abu Oumâma El-Bâhili (qu'Allah l'agrée) : j'ai entendu le prophète (prière et salut sur lui) dire : « Pendant que je dormais, sont venus à moi deux hommes qui me prirent par le bras et m'emmenèrent sur une montagne abrupte. Ils dirent : escalade ! Je dis : je ne pourrai le faire ! Ils dirent : on va t'aider. Je suis alors monté, et j'ai entendu des voix intenses et horribles. Je dis : qu'est-ce que ces voix ? Ils répondirent : c'est les hurlements des gens de l'Enfer, puis ils m'emmenèrent jusqu'à ce que j'arrive à des gens pendus par les pieds, le front fissuré et ruisselant de sang. Je dis : qui sont ces gens ? Ils dirent : ceux qui rompent leur jeûne avant l'heure... » [Rapporté par El-Nassâ'i, Ibn-Hibbân, et El-Hâkim avec une chaîne de transmission authentique].

L'intention de jeûner

1-Obligation de nouer l'intention pour le jeûne obligatoire avant l'aube :

Lors du mois de Ramadân, il est obligatoire pour chaque musulman de nouer l'intention de jeûner durant la nuit.

Le prophète (prière et salut sur lui) a dit : « celui qui n'a pas eu l'intention de jeûner avant l'aube, n'a pas jeûné. » [Rapporté par An-Nassâ'i (4/196) et El-Tirmidhi(730). Sa chaîne de transmission est authentique].

Le prophète (prière et salut sur lui) a dit : « Celui qui ne se décide pas de jeûner dés la veille, n'a pas jeûné. » [Rapporté par An-Nassâ'i (4/196), El-Bayhaqi (4/202) et Ibn-Hazm (6/162). Il est authentique].

L'intention se formule dans le cœur. Sa formulation par la bouche est une innovation et un égarement même si cela est bien vu par certains. Nouer l'intention dés la veille concerne seulement le jeûne obligatoire, car le messager (prière et salut sur lui) venait voir A'icha hors Ramadân et lui disait : « as-tu quelque chose à manger ? Sinon, je vais jeûner. » [Rapporté par Mouslim(1154)].

Cela a aussi été confirmé par la pratique des compagnons : Abou Dardâ', Abou Talha, Abou Hourayra, Ibn Abbâs, et Houdayfa Ibn Al-yamân (qu'Allah les agrée tous).

Cela, pour le jeûne surérogatoire. Ce qui indique l'obligation de nouer l'intention avant l'aube pour faire le jeûne obligatoire est que cela n'est pas nécessaire pour le jeûne surérogatoire. Et Dieu est plus savant.

Ce que le jeûneur peut faire

Il n'y a point de doute qu'Allah exalté nous veut la facilité et non la difficulté. Le Sage Législateur nous a alors autorisé certaines choses durant le jeûne, et les voici avec leurs évidences :

1- Le jeûneur qui se réveille en état d'impureté :

Il arrivait que le prophète (prière et salut sur lui) soit à l'aube en état d'impureté (après des relations sexuelles). Il se lavait après l'aube et jeûnait.

D'après A'icha et Oummou Salama (qu'Allah les agrée) : « Pendant ramadan, lorsque le prophète (prière et salut sur lui) était à l'aube en état d'impureté causée par un acte sexuel, il se lavait et jeûnait. » [Rapporté par El-Boukhâry et Mouslim].

2- Le « siwâk » (brosse à dents) pour le jeûneur :

Le prophète (prière et salut sur lui) a dit : « Si je ne craignais pas imposer une difficulté à ma communauté, je leur aurais ordonné d'utiliser le « siwâk » avant chaque prière. »[Rapporté par El-Boukhâry et Mouslim].

Le prophète (prière et salut sur lui) n'a pas différencié entre un jeûneur ou autre, ceci indique que le « siwâk » est utilisable pour le jeûneur et le non-jeûneur à chaque ablution et à chaque prière. [Ceci est l'avis de l'imam El-Boukhâri, Ibn-Khouzayma et autres].

3- Se rincer la bouche et se nettoyer le nez :

Le prophète (prière et salut sur lui) se rinçait la bouche et aspirait de l'eau par le nez en état de jeûne, sans exagérer.

Le prophète (prière et salut sur lui) a dit : « ... et aspire bien de l'eau par le nez lors des ablutions, sauf si tu es en état de jeûne. » [Rapporté par El-Tirmidhi, Abou Daoud, Ahmed, Ibn Mâjah, et En-Nassâ'i d'après Laqît ben Sabra. Sa chaîne de transmission est authentique].

4- Toucher et embrasser l'épouse :

Il est confirmé qu'A'icha (qu'Allah l'agrée) a dit : « Le messager d'Allah (prière et salut sur lui) embrassait et touchait en état de jeûne, mais il était celui qui se maîtrisait le plus. » [Rapporté par El-Boukhâry et Mouslim].

Cela est déconseillé au jeune homme et non au vieil homme : Abdoullah Ibn-Amr Ibn-Al'âs dit : « On était chez le prophète (prière et salut sur lui), lorsqu'un jeune homme demanda : « ô messager d'Allah, puis-je embrasser en état de jeûne ? », il lui répondit : « non ». Puis un vieil homme demanda : « puis-je embrasser en état de jeûne ? », il lui répondit : « oui », on s'est alors regardé entre nous, le prophète (prière et salut sur lui) a dit : « le vieux est capable de retenir ses instincts. » [Rapporté par Ahmed et El-Tabarâni].

5- Les prélèvements sanguins et les injections non nutritives :

Ce ne sont pas des actes annulatifs du jeûne.

6- La saignée « hijâma » :

Elle faisait partie des actes annulatifs du jeûne, puis cela a été abrogé. Il a été confirmé que le prophète (prière et salut sur lui) l'a effectué en état de jeûne. D'après Ibn Abbâs (qu'Allah les agrée) : « Le prophète (prière et salut sur lui) a effectué une saignée, alors qu'il était en état de jeûne. » [Rapporté par El-Boukhâry].

7- Goûter la nourriture :

Ne pas avaler ce que l'on goûte est une condition. D'après Ibn Abbâs (qu'Allah les agrée) : « Pas de reproche à celui qui, en état de jeûne, goûte le vinaigre ou la nourriture tant que celle-ci ne pénètre pas la gorge. » [Rapporté par El-Boukhâri, Ibn Abi chayba et El-Bayhaqi].

8- Le Kohl, les gouttes, etc., qui pénètrent l'œil :

Ce ne sont pas des annulatifs du jeûne, même si son goût est ressenti dans sa gorge. Cet avis a été retenu par le savant de l'islam, Ibn taymiya, dans son livre : « le réel sens du jeûne » (*haqîqatous-siyâm*) », ainsi que son élève Ibn-Qayyim El-Jawziyya dans son livre « les provisions du voyage » (*zâdoul maâd*). L'imam El-Boukhâry a dit dans son recueil authentique : « le compagnon Anas, les savants El-Hassan, et Ibrahim ne voyait pas d'inconvénient à ce que le jeûneur utilise le Kohl. »[4/153].

9- Se verser de l'eau froide sur la tête et se laver :

Le prophète (prière et salut sur lui) se versait de l'eau sur la tête en état de jeûne, à cause de la soif ou de la chaleur. [Rapporté par Abou-Daoud et Ahmed. Sa chaîne de transmission est authentique].

El Boukhâri a dit dans son recueil authentique au chapitre intitulé « Le lavage du jeûneur » : Ibn-Omar (qu'Allah les agrée) a mouillé une étoffe qu'il s'est mise sur la tête alors qu'il jeûnait, El-Cha'bi a pris un bain alors qu'il était en état de jeûne, et El-Hassan a dit : Pas de reproche si le jeûneur se rince la bouche et se rafraîchit.

Allah veut pour vous la facilité, Il ne veut pas la difficulté pour vous

1- Le voyageur :

Des hadiths authentiques donnent le choix au voyageur de jeûner ou non. Vous n'êtes pas sans savoir que cette clémence divine a été citée dans le noble livre. Le Très Clément dit :

﴿ وَمَن كَانَ مَرِيضًا أَوْ عَلَىٰ سَفَرٍ فَعِدَّةٌ مِّنْ أَيَّامٍ أُخَرَ يُرِيدُ ٱللَّهُ بِكُمُ ٱلْيُسْرَ وَلَا يُرِيدُ بِكُمُ ٱلْعُسْرَ ﴾

« Et quiconque est malade ou en voyage, qu'il jeûne plus tard un nombre égal d'autres jours. Allah veut pour vous la facilité, et non la difficulté. » (Sourate Al-Baqara [2], v185).

Hamza Ibn-Amr El-Aslami qui jeûnait beaucoup a demandé au messager d'Allah (prière et salut sur lui) : « Puis-je jeûner lorsque je suis en voyage ? » Le prophète (prière et salut sur lui) lui a répondu : « jeûne si tu le veux, et mange si tu le veux. » [Rapporté par El-Boukhâry et Mouslim].

D'après Anas Ibn-Mâlik (qu'Allah l'agrée) : « J'ai voyagé avec le messager d'Allah (prière et salut sur lui) pendant Ramadân. Le jeûneur n'a pas fait de reproche à celui qui a rompu le jeûne, tout comme celui qui ne jeûnait pas n'a pas fait de reproche au jeûneur. » [Rapporté par El-Boukhâry et Mouslim].

Ces hadiths démontrent la possibilité du choix, et non la préférence de jeûner ou pas. Des textes indiquent la préférence de ne pas jeûner durant le voyage. Ce sont des hadiths généraux comme sa parole (prière et salut sur lui) : « Allah aime que soient appliquées Ses permissions comme il déteste la désobéissance. » [Rapporté par Ahmed et Ibn-Hibbân d'après Ibn-Omar avec une chaîne de transmission authentique]. Dans une version : « comme il aime que soient appliquées Ses obligations. » [Rapporté par Ibn-Hibbân, El-Bazzâr, et El-Tabarâni d'après Ibn-Abbâs avec une chaîne de transmission authentique].

Mais cela est restreint pour celui qui n'a pas de contrainte pour refaire ses journées de jeûne, sinon la permission apporterait le contraire voulu. Cela est démontré par ce qui a été rapporté par Abi-Sa'îd El-Khoudri (qu'Allah l'agrée) : « Ils voyaient que celui qui avait suffisamment de force et a jeûné, avait bien fait, et que celui qui se voyait faible et n'a pas jeûné avait bien fait. » [Rapporté par El-Tirmidhi et El-Baghawi].

Sache frère en croyance, qu'Allah te guide et t'accorde la connaissance religieuse, que si le jeûne durant le voyage est pénible pour une personne, il n'est pas du tout un acte méritoire, mais ne pas jeûner est préférable et plus plaisant à Dieu, ceci est confirmé par ce qui a été rapporté par plusieurs compagnons (qu'Allah les agrée) que le prophète (prière et salut sur lui) a dits : « Ce n'est pas un acte de bonté pieuse que de jeûner durant le voyage. » [Rapporté par El-Boukhâry et Mouslim d'après Jâbir].

Note : Certains prétendent que ne pas jeûner en voyage à notre époque est un acte illicite et se moquent de celui qui applique la permission de Dieu à ce sujet. Ou ils disent que le jeûne est préférable en raison de la facilité des moyens de transport. À ceux-là on rappelle la parole d'Allah :

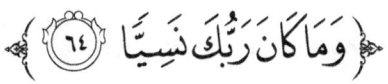

« **Ton Seigneur n'oublie rien.** » (Sourate Maryam [19], v64),

Et Sa parole :

$$\text{﴿ وَٱللَّهُ يَعْلَمُ وَأَنتُمْ لَا تَعْلَمُونَ ۝ ﴾}$$

« **Et Allah sait, alors que vous ne savez pas.** » (Sourate Al-Baqara [2], v232)

Et Sa parole au cours du verset qui donne la permission de ne pas jeûner durant le voyage :

$$\text{﴿ يُرِيدُ ٱللَّهُ بِكُمُ ٱلْيُسْرَ وَلَا يُرِيدُ بِكُمُ ٱلْعُسْرَ ﴾}$$

« **Allah veut pour vous la facilité, Il ne veut pas la difficulté pour vous.** » (Sourate Al-baqara [2], v185).

L'aisance et la facilité pour le voyageur est une situation voulue par Allah exalté et fait partie des objectifs de la noble législation. On n'oublie pas que celui qui a légiféré la religion est le Créateur du temps, du lieu et de l'homme, Il est plus Savant des besoins des gens et de ce qui leur faut, Allah exalté dit :

$$\text{﴿ أَلَا يَعْلَمُ مَنْ خَلَقَ وَهُوَ ٱللَّطِيفُ ٱلْخَبِيرُ ۝ ﴾}$$

« Ne connaît-Il pas ce qu'Il a créé alors que c'est Lui le Compatissant, le Parfaitement Connaisseur. » (Sourate Al-Moulk, v14).

2- Le malade :

Allah par Sa clémence a permis au malade de ne pas jeûner. La maladie qui autorise de manger est celle qui avec le jeûne entraînerait un mal, ou une aggravation de la maladie, ou risquerait de retarder la guérison, et Allah sait mieux.

3- Les menstrues et les lochies « nifâs » (sang s'écoulant pendant et après un accouchement) :

Il y a consensus des savants de l'islam que la femme ayant des menstrues ou des lochies ne doit pas jeûner. Elle ne doit pas jeûner et doit rattraper ces jours, et si elle jeûnait, son jeûne ne compterait pas.

4- Le vieil homme et la vieille femme :

Ibn-Abbâs (qu'Allah les agrée) a dit : « Le vieil homme et la vieille femme qui ne peuvent pas jeûner doivent nourrir un pauvre pour chaque jour. » [Rapporté par El-Boukhâry (4505)].

El-Dâraqoutni a établi et authentifié que Mansoûr rapporte de Moujâhid d'après Ibn-Abbâs qui a lu (la parole divine) : **« Mais pour ceux qui ne pourraient le supporter qu'avec grande difficulté, la compensation est de nourrir un pauvre »**, il dit : « Ce verset concerne les vieillards qui ne peuvent pas jeûner, ils doivent nourrir un pauvre pour chaque jour non jeûné avec une demi-mesure « sâ» » de grains. »

D'après Abou-Hourayra (qu'Allah l'agrée) : « Celui qui a atteint l'âge de la vieillesse et ne peut plus jeûner Ramadân, doit pour chaque jour donner deux poignées « moud » de blé. »[Rapportée par El-Dâraqoutni, sa chaîne contient Abdoullah Ibn-Sâlih, qui est faible, mais sa parole est confortée par d'autres].

D'après Anas Ibn-Mâlik (qu'Allah l'agrée) : « Affaibli, il ne put jeûner une année, il prépara alors une marmite et a invité une trentaine de pauvres qu'il rassasia. » [Rapporté par El-Dâraqoutni avec une chaîne authentique].

5- La femme enceinte et celle qui allaite :

La clémence d'Allah pour les faibles leur a permis de ne pas jeûner, et parmi ceux-ci la femme enceinte et la femme qui allaite.

D'après Ibn-Mâlik[1] : « je suis parti voir le prophète (prière et salut sur lui) que j'ai trouvé en train de manger, il me dit : « approche et mange », je dis : « je suis en état de jeûne. » Il dit : « approche, je vais te parler du jeûne : Allah Très Haut a dispensé le voyageur d'une partie de la prière, et a dispensé la femme enceinte et celle qui allaite du jeûne. » Par Allah ! Le prophète (prière et salut sur lui) a dit ces deux choses, et combien je regrette de ne pas avoir mangé avec le prophète (prière et salut sur lui) ! » [Rapporté par El-Tirmidhi(715), En-Nassâ'i (4/180), Abou-Dâoud(2408), et Ibn-Mâjah(1667). Sa chaîne de transmission est assez bonne selon El-Tirmidhi].

---

[1] Il s'agit d'El-Ka'bi, et non pas Ibn Mâlik El-Ansâri le serviteur du prophète (prière et salut sur lui). C'est un homme des fils de Abdoullah Ibn Ka'b. Il a émigré à Bassora et a rapporté du prophète (prière et salut sur lui) un seul hadith, celui précité.

Ce qui annule le jeûne

Il y a des choses qui doivent être évitées par le jeûneur, car si elles sont commises durant le jour de Ramadân, elles annulent le jeûne, et augmentent les péchés :

1- Manger et boire intentionnellement :

Allah exalté a dit :

﴿ وَكُلُوا۟ وَٱشْرَبُوا۟ حَتَّىٰ يَتَبَيَّنَ لَكُمُ ٱلْخَيْطُ ٱلْأَبْيَضُ مِنَ ٱلْخَيْطِ ٱلْأَسْوَدِ مِنَ ٱلْفَجْرِ ثُمَّ أَتِمُّوا۟ ٱلصِّيَامَ إِلَى ٱلَّيْلِ ﴾

« Mangez et buvez jusqu'à ce que se distingue, pour vous, le fil blanc de l'aube du fil noir de la nuit. Puis accomplissez le jeûne jusqu'à la nuit. » (Sourate Al-Baqara [2], v187), il est évident que le jeûne nécessite l'abstinence du manger et de la boisson, si le jeûneur boit ou mange il annule son jeûne (si c'est intentionnel), mais s'il le fait par oubli, par erreur ou par contrainte, cela n'est pas annulatif.

En voici les preuves :

Le prophète (prière et salut sur lui) a dit : « s'il oublie et qu'il mange et boit, qu'il continue son jeûne, car c'est Allah qui l'a nourri et abreuvé. » [Rapporté par El-Boukhâry et Mouslim].

Le prophète (prière et salut sur lui) a dit : « Allah a pardonné à ma communauté l'erreur, l'oubli, et ce qu'on l'oblige à faire par contrainte » [rapporté par El-Tahhâwi, El-Hâkim, Ibn-Hazm, El-Dâraqoutni et El-Awzâ'i. Sa chaîne de transmission est authentique].

2- Se faire vomir volontairement :

Celui qui vomit involontairement n'a pas de reproche et peut continuer son jeûne. Le prophète (prière et salut sur lui) a dit : « Celui qui vomit involontairement n'a pas de compensation à faire, et celui qui se fait vomir (volontairement) doit compenser son jour de jeûne. » [Rapporté par Abou-Dâoud, El-Tirmidhi, Ibn-Mâjah et Ahmed. Sa chaîne de transmission est authentique comme cité par le savant de l'islam dans « haqiqatoul siyâm »].

3- Les menstrues et les lochies « nifâs » :

Si une femme a des menstrues ou des lochies, que ce soit en début ou fin de journée, elle se doit de rompre son jeûne puis de le rattraper un autre jour. Si elle jeûnait ce jour-là, il ne compterait pas.

Le prophète (prière et salut sur lui) a dit : « … n'arrête-t-elle pas de prier et de jeûner si elle a ses menstrues ? », elles ont dit : « oui », il dit : « cela est son manque dans la religion. », et dans une version : « elle reste des nuits sans prier, et arrête son jeûne durant Ramadân, cela constitue son manque dans la religion. » [Rapporté par Mouslim d'après Ibn Omar et Abou Hourayra].

Le commandement du rattrapage a été cité dans un hadith d'après Mou'âda qui a dit : j'ai demandé à A'icha : « comment se fait-il que celle qui a des menstrues doive rattraper son jeûne et pas sa prière ? » Elle rétorqua : « ne serais-tu pas une harourienne[2] toi ?! » Je dis : « je ne suis pas

---

[2] Les « harouriens » sont les habitants de haroura', une ville non loin de Koûfa. On désigne aussi par « harourien » ceux qui adoptent la conviction des « khawarij », car leur première secte est celle qui s'est rebellée contre Ali (qu'Allah l'agrée) dans la ville précitée.

une harourienne, mais je m'informe, » elle dit : « cela nous arrivait et on nous commandait de rattraper le jeûne et pas la prière. » [Rapporté par El-Boukhâry et Mouslim].

4- Les injections nutritives :

Cela consiste à acheminer des substances nutritives au ventre pour nourrir certains malades, ce genre d'injections annule le jeûne, car les aliments parviennent jusqu'au ventre [voir « haqiqatoul siyâm » du Shaykh Ibn-Taymiyya].

Si les injections ne parviennent pas jusqu'au ventre, mais dans le sang, le jeûne s'annule aussi, car elles se substituent au manger et à la boisson. Beaucoup de malades qui sont longtemps inconscients sont nourris par ces perfusions de glucose et autres. Les produits que prennent certains asthmatiques annulent aussi le jeûne.

5- L'acte sexuel :

El-Chawkâni a dit dans « eldarâri elmadiyya » (2/22) : « Il n'y a point de divergence au sujet de l'annulation du jeûne par l'acte sexuel s'il se produit volontairement. S'il se produit par oubli, certains gens de science le jugent comme celui qui mange ou boit par oubli. »

Ibn Al-Qayyim a dit dans « zâd elma'âd » (2/60) : « Le Coran montre que l'acte sexuel annule le jeûne comme le fait de manger ou boire, nulle divergence à ce sujet. »

La preuve coranique est :

﴿ فَٱلْـَٰٔنَ بَٰشِرُوهُنَّ وَٱبْتَغُواْ مَا كَتَبَ ٱللَّهُ لَكُمْ ﴾

« Désormais, jouissez d'elles, et cherchez ce que Dieu a prescrit pour vous. » (Sourate Al-Baqara [2], v187),

Il a permis les rapports sexuels après le jeûne, donc on en conclut que le jeûne consiste à s'abstenir des rapports sexuels, du manger et de la boisson. Celui qui annule son jeûne par un rapport sexuel, doit rattraper son jour et doit s'acquitter d'une expiation « kaffâra ».

La preuve est ce qu'a rapporté Abou-Hourayra (qu'Allah l'agrée) : « Un homme vint au prophète (prière et salut sur lui) et dit : « ô messager d'Allah je suis perdu ! » Il dit : « et qu'en est la raison ? », il dit : j'ai eu un rapport sexuel avec ma femme durant Ramadân. » Il dit :

« peux-tu affranchir un esclave. » Il répondit : « non ». Il dit alors : « peux-tu jeûner deux mois consécutifs ? », il dit : « non. » Il dit alors : « peux-tu nourrir soixante pauvres ? », Il répondit : « non ». Il dit alors : « assieds-toi. » Et il s'assit. Puis on rapporta au prophète (prière et salut sur lui) un panier rempli de dattes. Il dit : « prends cela et offre-le comme aumône. » Il dit : « par Allah ! Il n'y a pas plus pauvre dans cette région que ma famille. » Le prophète (prière et salut sur lui) ria jusqu'à ce que ses canines soient visibles, puis il dit : « prends-le et nourris-en ta famille. »[3]

---

[3] [Ce hadith est établi avec différentes versions d'après El-Boukhâry (11/512), Mouslim(1111), El-Tirmidhi(724), El-Baghawi (6/288), Abou-Dâoud(2390), El-Dârimi (2/11), Ibn-Mâjah(1671), Ibn-Abi chaybah(2/183-184), Ibn Khouzaymah (3/216), Ibn-Aljâroud (139), Châfi'i (299), Mâlik (1/297), et AbderRezzâq (4/196), certains d'entre eux ont authentifié l'ajout « rattrape ce jeûne un autre jour » qui a aussi été authentifié par Ibn-Hajar dans « El-Fath » (11/516), et je le confirme].

L'expiation (« Kaffâra »)

- On a déjà cité le hadith d'Abou-Hourayra concernant l'homme qui a eu un rapport sexuel avec sa femme durant la journée de Ramadân ; il doit rattraper son jour de jeûne et s'acquitter d'une expiation qui consiste à : libérer un esclave, s'il ne peut pas, qu'il jeûne deux mois successifs, s'il ne peut pas, qu'il nourrisse soixante pauvres.

- Celui qui doit s'acquitter de la « kaffâra » et ne peut ni libérer un esclave, ni jeûner, ni nourrir des pauvres, verra cette obligation s'annuler pour lui s'il n'en a pas la capacité. Allah exalté dit : « **Allah n'impose à aucune âme une charge supérieure à sa capacité.** » (Sourate Al-Baqara[2], v286), et aussi par la pratique du prophète (prière et salut sur lui) qui a annulé la « kaffâra » pour l'homme qui l'avait informé qu'il n'en avait pas la capacité. Il lui a même donné un panier de dattes pour nourrir sa famille.

- La femme n'a pas à s'acquitter de la « kaffâra », car le prophète (prière et salut sur lui) a été informé d'un acte qui s'est déroulé entre un homme et sa femme. Pourtant, il n'a imposé qu'une seule « kaffâra ». Et Allah est plus savant.

La compensation « Fidya » : nourrir un pauvre

La femme enceinte et celle qui allaite peuvent ne pas jeûner si elles craignent pour leurs personnes ou celles de leurs enfants. Elles doivent à la place de chaque jour de jeûne nourrir un pauvre. La preuve est la parole d'Allah :

﴿وَعَلَى ٱلَّذِينَ يُطِيقُونَهُۥ فِدْيَةٌ طَعَامُ مِسْكِينٍ﴾

« **Mais pour ceux qui ne pourraient le supporter qu'avec grande difficulté, la compensation est de nourrir un pauvre.** » (Sourate Al-Baqara[2], v184).

On sait que ce verset concerne particulièrement le vieil homme, la vieille femme, le malade dont on n'espère pas la guérison, la femme enceinte et celle qui allaite si elles craignent pour leur propre personne ou celle de leur enfant. On va détailler cela avec les dires d'Ibn-Abbâs et Ibn-Omar (qu'Allah les agrée).

Ibn-Abbâs a déclaré : « Il a été attesté pour le vieil homme et la vieille femme s'ils ne peuvent pas jeûner, ainsi que la femme enceinte et celle qui allaite si elles prennent peur, de ne pas jeûner et de nourrir pour chaque jour un pauvre. »

Cela est aussi clarifié par le hadith de Mou'âd Ibn-Jabal (qu'Allah l'agrée) : « concernant le jeûne, en arrivant à Médine, le prophète (prière et salut sur lui) jeûnait trois jours chaque mois, et jeûnait le jour de « Achoura », puis Allah a rendu le jeûne obligatoire et a fait descendre le verset : **« Ô les croyants ! On vous a prescrit... »**, puis Allah a fait descendre l'autre verset : « **(Ces jours sont) le mois de Ramadân au cours duquel le Coran a été descendu…..** » Allah a donc prescrit le jeûne au résident en bonne santé, et a autorisé le fait de ne pas jeûner au malade et au voyageur, et a spécifié l'obligation de nourrir un pauvre quant au vieillard qui ne peut pas jeûner. » [Rapporté par Abou-Dâoud (507), El-Bayhaqi (4/200), et Ahmed (5/246-247).

Ces deux paroles sont considérées comme un hadith du prophète (prière et salut sur lui) par accord des gens de science. Il n'appartient pas à un croyant qui aime Allah et son prophète de les contredire, car ils ont été énoncés pour expliquer la cause de la révélation d'un verset. Ces deux compagnons qui étaient des témoins de la révélation et de la descente du Coran nous ont informés au sujet de la cause de la révélation de ces versets. [cf. « tadrîb er-râwi » (1/192-193) de Assouyouti et « ouloumoul hadith » (p24) d'Ibn-Salah].

Ibn-Abbâs a attesté ce jugement pour celle qui allaite et celle qui est enceinte, d'où a-t-il pu tirer ce jugement ? Sans doute de la Sounna, surtout qu'il n'est pas le seul à avoir cet avis et il fut approuvé par Abdoullah Ibn-Omar.

Malik rapporte d'après Nâfi' que Ibn-Omar a été questionné au sujet de la femme enceinte si elle craint pour son enfant, il dit : « elle ne jeûne pas et pour chaque jour, elle nourrit un pauvre en donnant deux mains « moudd » de farine. » [Rapporté par El-Bayhaqi (4/230) d'après une transmission de l'imam Châfi'i. Sa chaîne de transmission est authentique]

El-Dâraqoutni (1/207) a rapporté et authentifié que Ibn-Omar a dit : « la femme enceinte et celle qui allaite ne jeûnent pas et ne rattrapent pas. » Et dans une autre version : « sa femme lui a demandé alors qu'elle était enceinte, il a dit : ne jeûne pas et nourris pour chaque jour un pauvre, et ne rattrape pas. », sa chaîne de transmission est assez bonne.

Et dans une troisième version, toujours selon Ibn-Omar (qu'Allah l'agrée) : « une de ses filles qui était mariée à un homme de Qoraych, était enceinte et a eu très soif pendant Ramadân, il lui a alors ordonné de rompre son jeûne et de nourrir un pauvre pour chaque jour non jeûné. »

Ces textes expliquent la dispense (de jeûner) de la femme enceinte et celle qui allaite citée dans le hadith d'Ibn-Mâlik El-Ka'bi précité, et que cette dispense est conditionnée par la crainte de se faire souffrir ou faire souffrir l'enfant, et qu'elle doit compenser (nourrir un pauvre) et ne doit pas rattraper.

El-Dâraqotni rapporte un récit doté d'une chaîne de transmission qu'il a authentifiée qu'Ibn Abbas s'est adressé à une de ses femmes qui était enceinte ou qui allaitait et lui dit : « tu es de ceux qui ne peuvent pas jeûner, tu dois compenser et tu ne dois pas rattraper. »

Celui qui prétend que la dispense du jeûne pour la femme enceinte et celle qui allaite ressemble à la dispense pour le voyageur et conclut de ce fait qu'elle doit rattraper, alors ce dire est à rejeter, car le Coran a montré la signification de la dispense pour le voyageur « **Et** quiconque est malade ou en voyage, alors qu'il jeûne plus tard un nombre égal de jours », et a aussi montré la signification de la dispense pour ceux qui ne peuvent pas : « **Mais pour ceux qui ne pourraient le supporter qu'avec grande difficulté, la compensation est de nourrir un pauvre**. » Et on a prouvé que la femme enceinte et celle qui allaite sont désignées par ce verset.

Extraits du livre : La manière de jeûner du prophète (prière et salut sur lui) durant le ramadan « sifat sawmi ennabi (s.a.w) fi ramadâne » de Salîm El-Hilâli & Ali Hassan Ali Abdel-Hamîd.

Traduit et adapté par : Abou abdillah Miloud El-Wahrâni Le 7 Ramadân 1422 = 22/11/2001 Revu et corrigé le 19 Ramadân 1423 = 24/11/2002

Revu et corrigé par : Abu Hamza Al-Germâny

Publié par le bureau de prêche de Rabwah (Riyadh)

www.islamhouse.com

L'islam à la portée de tous !

Table des matières

Les Mérites du jeûne 4
1- le jeûne est une protection 5
2- le jeûne fait entrer au Paradis 7
3- La récompense des jeûneurs est sans limites, ... 7
4- le jeûneur obtient une double joie 7
5- l'haleine du jeûneur est meilleure auprès de Dieu que l'odeur du musc 7
6- Le jeûne et le Coran intercèdent pour le croyant .. 8
7- Expiation de certains péchés 9
8- Le Rayyâne pour les jeûneurs 15

Mérites du mois de Ramadân 16
1- Le mois du Coran 16
2- l'enchaînement des démons, la fermeture des portes de l'Enfer et l'ouverture des portes du Paradis 17
3- La nuit du « Qadr » : 18

Obligation du jeûne du mois de Ramadân .... - 20 -
1- Et, si quelqu'un fait plus de son propre gré, c'est mieux pour lui .... - 20 -
2- quiconque d'entre vous est présent en ce mois, qu'il jeûne ! .... - 21 -

L'incitation au jeûne de Ramadân .... - 23 -
1- La purification des péchés : .... - 23 -

2- L'exaucement des prières et la libération du Feu ... - 23 -

3- Être parmi les véridiques et les martyrs .... - 24 -

Mise en garde contre le délaissement volontaire du jeûne de Ramadân .... - 25 -

L'intention de jeûner .... - 26 -

1-Obligation de nouer l'intention pour le jeûne obligatoire avant l'aube .... - 26 -

Ce que le jeûneur peut faire .... - 28 -

1- Le jeûneur qui se réveille en état d'impureté ... - 28 -

2- Le « siwâk » (brosse à dents) pour le jeûneur .. - 28 -

3- Se rincer la bouche et se nettoyer le nez .... - 29 -

4- Toucher et embrasser l'épouse .... - 29 -

5- Les prélèvements sanguins et les injections non nutritives .... - 30 -

6- La saignée « hijâma » .... - 30 -

7- Goûter la nourriture .... - 31 -

8- Le Kohl, les gouttes, etc., qui pénètrent l'œil . - 31 -

9- Se verser de l'eau froide sur la tête et se laver. - 32 -

Allah veut pour vous la facilité, Il ne veut pas la difficulté pour vous .... - 33 -

1- Le voyageur .... - 33 -

2- Le malade .... - 37 -

3- Les menstrues et les lochies « nifâs » (sang s'écoulant pendant et après un accouchement) - 37 -

4- Le vieil homme et la vieille femme .... - 37 -
5- La femme enceinte et celle qui allaite .... - 39 -
Ce qui annule le jeûne .... - 40 -
1- Manger et boire intentionnellement .... - 40 -
2- Se faire vomir volontairement .... - 41 -
3- Les menstrues et les lochies « nifâs » .... - 42 -
4- Les injections nutritives : .... - 43 -
5- L'acte sexuel .... - 43 -
L'expiation (« Kaffâra ») .... - 46 -
La compensation « Fidya » : nourrir un pauvre .. - 48 -
Table des matières .... - 53 -

Publié par le bureau de prêche de Rabwah (Riyadh)

www.islamhouse.com

L'islam à la portée de tous !

www.ingramcontent.com/pod-product-compliance
Lightning Source LLC
Chambersburg PA
CBHW070339120526
44590CB00017B/2944